HENRI D'HENNEZEL

DIRECTEUR DU MUSÉE DES TISSUS DE LYON

CLAUDE DANGON

ESSAI SUR L'INTRODUCTION
DES SOIERIES FAÇONNÉES EN FRANCE
D'APRÈS DES DOCUMENTS INÉDITS

1605-1613

DOUZE PLANCHES HORS TEXTE, DONT UNE EN COULEURS

LYON

SOCIÉTÉ ANONYME DE L'IMPRIMERIE A. REY

4, RUE GENTIL, 4

1926

CLAUDE DANGON

Il a été tiré de cet ouvrage 600 exemplaires, qui se répartissent ainsi :

10 sur vélin à la cuve, des Papeteries du Marais, marqués de A à J;
20 sur pur fil Lafuma, numérotés de 1 à 20;
570 sur vélin alfa.

Lampas broché, début du XVIIe siècle.

HENRI D'HENNEZEL

DIRECTEUR DU MUSÉE DES TISSUS DE LYON

CLAUDE DANGON

ESSAI SUR L'INTRODUCTION
DES SOIERIES FAÇONNÉES EN FRANCE
D'APRÈS DES DOCUMENTS INÉDITS

1605-1613

DOUZE PLANCHES HORS TEXTE, DONT UNE EN COULEURS

LYON

SOCIÉTÉ ANONYME DE L'IMPRIMERIE A. REY

4, RUE GENTIL, 4

1926

CLAUDE DANGON

I

L'état du royaume de France après les guerres de religion était si pitoyable que, pour reprendre une expression fameuse de Pasquier, celui qui aurait dormi quarante ans aurait trouvé à son réveil, non la France, mais le cadavre de la France. La sollicitude de Henri IV s'employa à rendre la vie à ce pauvre pays frappé à mort, à lui donner la paix et la prospérité anéanties par des luttes intestines de près d'un demi-siècle. Parmi les mesures économiques envisagées par le roi, celle d'établir dans le royaume les industries de luxe florissantes chez d'autres peuples ne fut pas la moins ingénieuse et serait devenue certainement une des plus efficaces si les résultats avaient répondu partout aux espérances. Elle prépara tout au moins le développement de ces mêmes industries que le génie administratif de Colbert devait organiser chez nous par la suite. L'établissement des manufactures d'étoffes de soie, d'argent et d'or, capables de lutter contre la concurrence italienne, préoccupa en particulier Henri IV et l'un de ses collaborateurs les plus zélés, Barthélemy de Laffemas. Ils déployèrent de louables efforts pour créer des ateliers où les Français trouveraient à s'approvisionner de ces beaux tissus qu'ils allaient acheter très cher par delà les monts. Ainsi des sommes énormes resteraient en France au lieu d'enrichir à nos dépens les Vénitiens, les Florentins, les Gênois et les Milanais.

Cependant l'idée du roi rencontra une résistance assez opiniâtre dans l'esprit de Sully. Le ministre professait que chaque pays était doté, par la Providence, d'industries convenables à son climat et aux dispositions naturelles de ses habitants ; que celle de la soie n'avait aucune chance d'être acclimatée chez nous et que, si l'on voulait empêcher l'argent de sortir du royaume, il suffisait de promulguer de bonnes lois somptuaires, interdisant l'usage des tissus précieux. Henri IV, conseillé par Laffemas, préféra favoriser le luxe de ses sujets, plutôt que de le restreindre par des ordonnances auxquelles il savait bien d'ailleurs qu'on n'obéirait pas.

A Paris même il patronna la Manufacture de Soie

fondée par Sainctot et la secourut de ses deniers dans les moments difficiles. Il devait s'intéresser également à une entreprise menée par un ouvrier lyonnais, qui mérita par son travail, sa persévérance et son esprit inventif, la bienveillance du pouvoir royal.

L'introduction du métier de la soie à Lyon remontait au règne de Louis XI. Les premiers essais avaient été pénibles. Il sembla même que les ateliers lyonnais allaient disparaître au bout de peu d'années, lorsque le roi ordonna de transporter à Tours l'industrie à peine naissante. Mais la bonne volonté des hommes et la protection des successeurs de Louis XI eurent raison de tous les obstacles. Grâce à l'activité de deux Piémontais, Turquet et Naris, et au privilège que leur accorda François Ier, la Manufacture lyonnaise produisit des tissus pendant le XVIe siècle. Toutefois elle restait dans la dépendance de l'Italie qui fournissait la matière première et le métier sur lequel on tissait les étoffes. Il faut noter aussi que Lyon, depuis l'année 1540, était devenu l'entrepôt unique des soies qui entraient en France. Les Lyonnais tiraient beaucoup plus de bénéfice de leur douane que de la fabrication même des tissus. Ils estimaient par conséquent qu'ils avaient avantage à voir entrer quantité de marchandises dans leurs murs et ne se préoccupaient guère de perfectionner une industrie dans laquelle les Italiens avaient fait des progrès qui semblaient définitifs.

Rendre cette industrie indépendante et lui donner un caractère national, telle fut l'œuvre de Claude Dangon, dont le nom mérite d'être mis en pleine lumière dans l'histoire de la soierie lyonnaise.

Claude Dangon était né à Lyon, ainsi qu'en témoignent deux actes officiels : une délibération consulaire du 23 septembre 1610 et la minute de la « jussion » qui fut obtenue du roi en 1612. Malgré des recherches diligentes, la date de sa naissance et celle de sa mort n'ont pu être établies jusqu'à présent. Nous savons qu'il travaillait dans sa ville natale à la fin du XVIe siècle et qu'il avait conquis son brevet de maîtrise. Par bonheur, les Archives municipales de Lyon conservent des documents qui permettent de reconstituer les circonstances dans lesquelles se produisit une invention dont la Fabrique lyonnaise allait bénéficier et de tirer de l'ombre, où ils se dérobaient jusqu'à présent, quelques épisodes d'une lutte engagée entre l'inventeur et ses concurrents.

M. Justin Godart, dans son intéressant ouvrage sur *l'Ouvrier en soie*, avait signalé jadis l'existence de plusieurs de ces documents. Nous les avons complétés par d'autres et nous emprunterons à ces pièces, demeurées inédites, les éléments de cette petite étude.

Le désir qu'avait le roi Henri IV de donner à la Fabrique française un moyen de supplanter la concurrence italienne se manifesta par un édit promulgué en l'an 1598. Le roi constatait que l'achat des étoffes de soie à l'étranger faisait sortir du royaume une grande quantité de numéraire et il interdisait l'entrée en France de toute soie manufacturée. Cette mesure radicale ne devait pas avoir pour effet de contrarier la mode des tissus façonnés qui battait son plein, mais elle laisserait au contraire aux ouvriers de Lyon et de Tours la liberté de tisser dans leurs villes respectives des draps d'or, d'argent et de soie d'aussi belle qualité que ceux qu'on allait acheter à haut prix de l'autre côté de nos frontières. Le roi estimait que les tisserands lyonnais et tourangeaux seraient assez habiles et assez actifs pour répandre bientôt dans tout le royaume ces étoffes de luxe et qu'ainsi les Français ne pâtiraient pas de la défense royale et laisseraient leur argent dans leur pays. Cependant au bout de deux années il ne s'était pas fait en France un « pouce » de ces beaux velours « à la turque » d'une ou plusieurs couleurs et de ces somptueux brocarts à ramages et à grandes figures, dont l'Italie et l'Orient semblaient détenir le monopole. On s'avisa, peut-être un peu tardivement, que, pour alimenter en abondance les fabriques françaises, il fallait produire sur place des soies naturelles et que, pour parvenir à la perfection contre laquelle on prétendait lutter, il était indispensable de confier les métiers à de nombreux ouvriers d'une capacité éprouvée. En 1600, le roi révoqua son édit et décida de planter des mûriers partout où ils pourraient prospérer ; en même temps, il projetait de fonder à Paris et à Lyon deux « séminaires » où l'on instruirait les tisserands. Il choisissait Paris afin de surveiller de ses propres yeux l'institution nouvelle, et, de fait, il la combla de ses bienfaits et la pourvut d'ouvriers expérimentés, qu'il fit venir de l'étranger pour la confection des étoffes à la tire et de divers points du royaume pour celle des étoffes qu'on savait déjà fabriquer chez nous.

Quant au choix de Lyon, il s'imposait en quelque sorte de lui-même à la sollicitude royale. Lyon était déjà peuplé de tisserands ; il s'y faisait en outre un commerce de soieries qui avait pris une extension considérable : cette ville paraissait être par conséquent « le lieu le plus commode » pour y établir une école de tissage, où l'on formerait les ouvriers dont l'industrie

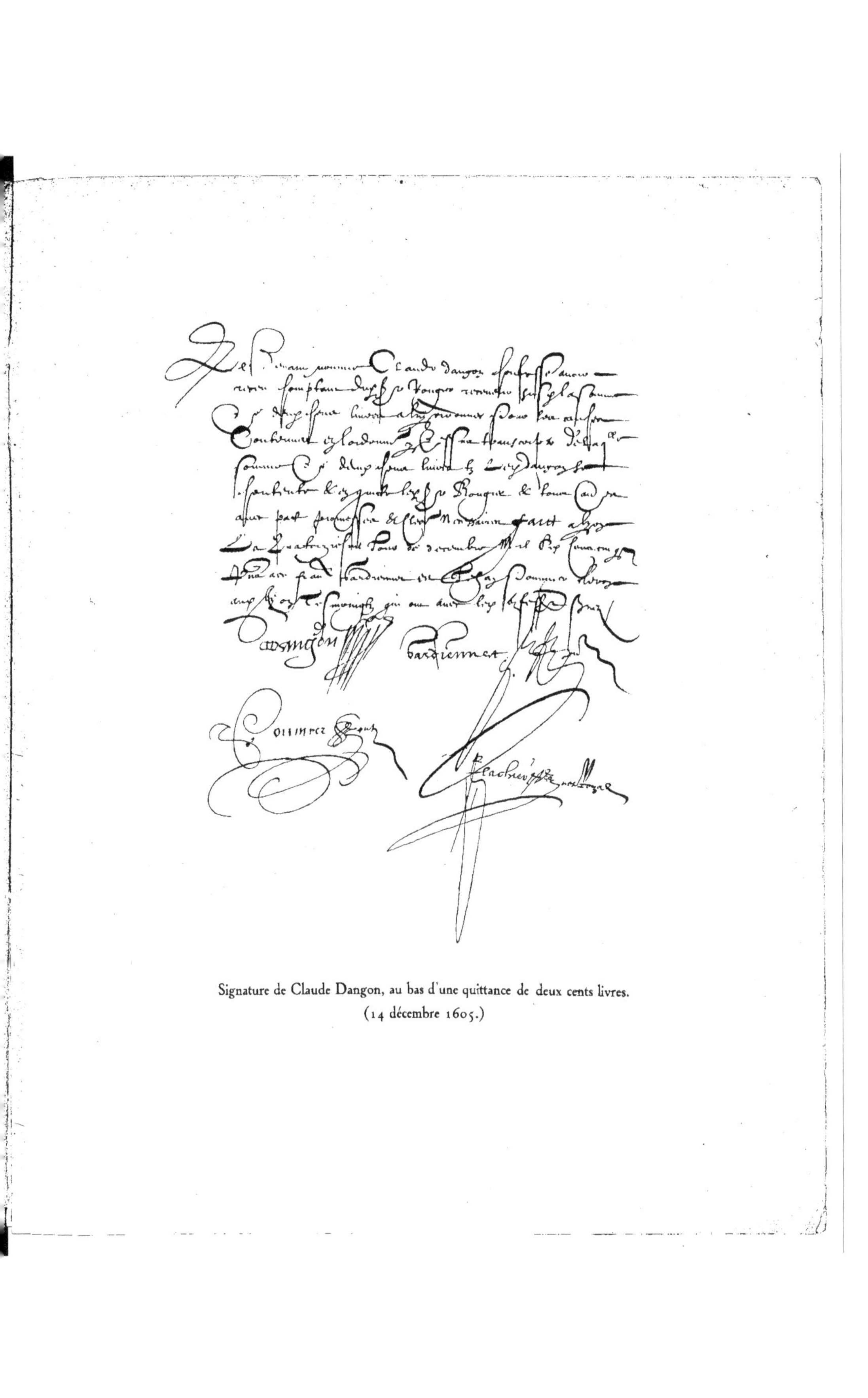

Signature de Claude Dangon, au bas d'une quittance de deux cents livres.
(14 décembre 1605.)

avait si grand besoin. A Paris il s'agissait de tout organiser ; à Lyon il n'était que de tirer parti des ressources précieuses qui existaient déjà. L'événement ne tarda pas à montrer que le roi et ses conseillers n'avaient pas eu tort de faire fond sur l'esprit d'initiative de la Fabrique lyonnaise. Cinq ou six ans environ après la promulgation de l'édit de 1600, le Prévôt des Marchands et les Echevins de Lyon présentaient au roi Claude Dangon comme un ouvrier capable d'entreprendre et de diriger la fabrique des étoffes à la façon de Turquie, des Indes, d'Italie ou d'ailleurs.

Ce qui avait mis Claude Dangon en vue et l'avait distingué d'entre ses camarades, c'était sans doute une remarquable habileté technique. Mais il ne l'avait acquise qu'au prix de recherches personnelles, qui l'amenèrent d'abord à imiter les tissus importés d'Italie, puis à en surpasser la perfection et la beauté. Il parvint à ce résultat par l'invention du métier « à la grande tire », qui depuis a porté son nom et sur lequel, dès l'année 1605 et après une période d'essais répétés et dispendieux, il pouvait tisser des étoffes dignes d'être soumises à l'approbation de Sa Majesté. Cette date de 1605 avait toujours été admise par les historiens de la soie ; elle est confirmée par les documents des Archives municipales.

L'invention du métier de Dangon transforma, au commencement du XVIIe siècle, le tissage pratiqué à Lyon et introduisit dans cette ville la fabrication des étoffes façonnées qui, avant cette date, nous venaient d'Italie. Les Italiens s'étaient servi pendant le XVe siècle du métier à la tire de Jean le Calabrais ; ils l'avaient amélioré et perfectionné dans le courant du siècle suivant. Dangon, comme l'écrit M. Pariset dans son livre sur *les Industries de la Soie,* trouva le moyen de réunir sur un seul métier les combinaisons progressives qu'on avait imaginées, afin d'exécuter des étoffes à plusieurs couleurs. « Dangon, ajoute M. Pariset, donne la possibilité par l'emploi de quatre cassins, ayant chacun 600 cordes, de porter à 2.400 le nombre des cordes utilisables et de produire, avec quatre ouvriers auxiliaires tireurs de lacs, de très grands dessins à effets compliqués et à couleurs multiples. »

Ce métier « à la grande tire », bien supérieur au métier italien, devait fournir une longue et brillante carrière dans les ateliers français. Perfectionné par d'autres inventeurs lyonnais au cours du XVIIIe siècle, puis par Vaucanson, il resta en usage jusqu'au jour où Jacquard, en 1801, exposa la fameuse mécanique qu'il venait d'inventer ; pendant deux siècles les soieries de Lyon furent tissées d'après des procédés dont l'origine remonte à l'homme qui devint,

Lampas, 2 lats, début du XVIIe siècle.

par son intelligence et son travail, l'auxiliaire dévoué de la politique économique du roi Henri IV.

Claude Dangon, dès qu'il fut en mesure de fabriquer des étoffes d'or, d'argent et de soie, paraît s'être tout d'abord préoccupé de conformer son travail à celui des Italiens. Il voulait apparemment éprouver ses forces et montrer que désormais il serait possible de travailler à Lyon et dans le royaume aussi bien qu'à l'étranger. Son premier soin fut donc de copier les pièces que les marchands rapportaient d'Italie et il s'adressa au roi pour le supplier d'intervenir auprès des Echevins, afin qu'on lui accordât l'autorisation de louer dans la maison de la Douane une petite chambre, où il pourrait à son aise étudier ses modèles. Il transporterait là les caisses de marchandises italiennes ou orientales qu'on voudrait bien lui confier. Il s'engageait à ne pas les conserver plus de vingt-quatre heures et à indemniser les propriétaires de ces marchandises, au cas où elles viendraient à souffrir de quelque dommage entre ses mains[1].

Le fait que Dangon avait besoin de l'appui du roi pour entreprendre ses recherches et les précautions dont il s'entoure constituent une première preuve de la nouveauté de la fabrication qu'on cherchait à développer en France. Les marchands vivaient d'un trafic prospère, qui sans doute serait ruiné le jour où les ateliers lyonnais produiraient sur place les étoffes dont l'Italie s'était fait une spécialité. Il ne fallait rien de moins qu'un ordre royal pour les décider à livrer un secret que l'intérêt de leur négoce leur commandait de ne pas divulguer.

Bon gré, mal gré, ils entrèrent dans les vues du roi et du Consulat, et Dangon se mit à la besogne sans perdre de temps. Il organisa une manufacture où l'on tissait des velours turcs à fond de satin, des taffetas de deux, trois et quatre couleurs et d'autres étoffes qu'on n'avait encore jamais « mises en œuvre » dans la ville de Lyon. Les résultats ne tardèrent pas à être si appréciables qu'on voulut montrer au roi comment on répondait à son intention, et qu'on décida de placer sous ses yeux les premiers essais de Claude Dangon. Il fut chargé de les présenter lui-même à la Cour dans les derniers mois de l'année 1605, puisque, le 13 décembre de cette année-là, Maître Antoine Rougier, receveur des deniers communs, dons et octrois de la ville, lui payait, sur l'ordre du Prévôt des Marchands et des Echevins, une somme de deux cents livres, destinée à le soulager d'une partie des frais que lui avaient occasionnés l'établissement de sa manufacture et son voyage « par devers le Roi ». Cette libéralité devait en outre l'encourager à continuer son ouvrage et à dresser des compagnons dont le nombre et la capacité feraient la fortune de Lyon[2].

Il est certain que le voyage de Dangon et la vue des tissus présentés par lui engagèrent définitivement Henri IV à considérer l'habile ouvrier lyonnais comme l'homme auquel il importait de confier la direction d'une entreprise dont la réussite paraissait assurée. Très peu de temps après le retour de Dangon dans sa ville natale, le 30 janvier 1606, le roi adressait au Consulat des lettres où il commandait aux Echevins de suivre les progrès de l'industrie naissante et de lui rendre compte de la façon dont ses ordres étaient exécutés. A différentes reprises, le Consulat se transporta lui-même dans la boutique de Dangon, ou y envoya des personnes qu'il chargea, en son nom, du soin de la visiter. Et, le 19 décembre 1606, ainsi qu'en font foi les registres des actes consulaires de la ville et communauté de Lyon[3], le Prévôt des Marchands et les Echevins faisaient savoir au roi, par une réponse officielle, que Claude Dangon, maître-ouvrier en draps d'or, d'argent et de soie, contentait fidèlement le bon vouloir de Sa Majesté. Douze métiers, montés par lui dans son ouvroir, n'avaient cessé de travailler à la confection des étoffes de « belle et grande fabrique » telles que l'Italie en pourrait produire et telles qu'on n'en avait jamais vu tisser à Lyon, ni ailleurs dans le royaume.

Au cours de ces visites successives, les Echevins ou leurs délégués avaient examiné les pièces de soierie placées sur les métiers. Ils nous en ont laissé une description qui autorise à conclure que, dès l'ouverture de ses ateliers, Dangon était en possession d'une excellente méthode de travail et qu'il arrivait à tisser des étoffes d'une composition savante. Il semble même qu'il eût déjà conquis une certaine renommée en dehors de Lyon, puisque sur les métiers visités par le Consulat on reconnaît un velours « de huit couleurs tiré et coupé, à fond d'argent filé avec des pilastres d'or », semblable, pour le décor et la façon, à celui que le maître-tisseur vendit à Monseigneur le Prince d'Orange, ainsi que l'établit un certificat produit par le fabricant. D'autre part, il cherche déjà à innover. Parmi les tissus dont il invente la façon, en voici un « de vellours tiré d'ung costé et de panne ou pelluche à l'envers, le fondz dudict vellours en satin d'argent traict, les fleurs et compartimens de soye de huit coulleurs tiré et coupé, et quant à la panne de l'envers, elle n'est que de quatre coulleurs : incarnadin d'Espaigne, vert d'herbe, bleu et coulleur de cheveux, mêlés et tellement

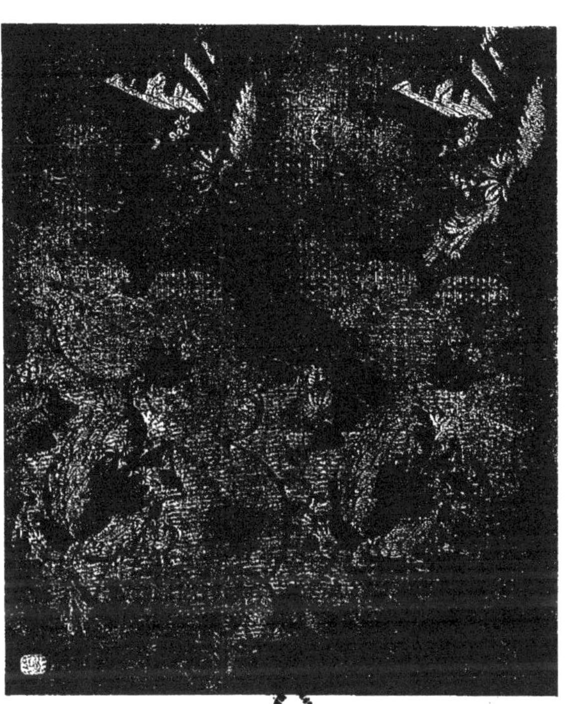

Brocart à fond jaune, début du XVIIe siècle.

renforcés que le fondz ne s'en peult veoir, ny la soye arracher sans que le vellours, le sattin et la panne qui sont tissuz ensemble se portent aucune incommodicté, l'ung à l'aultre, façon non encores jamais veue.[4] »

D'ailleurs Claude Dangon a conscience de faire une œuvre appréciable et originale et il signe ses étoffes de son nom, en le faisant suivre de celui de Lyon et de la date à laquelle la pièce a été tissée. La plupart des soieries et des velours montrés aux Echevins portaient ces indications. Dangon met ainsi sa marque de fabrique sur des pièces qu'il a le droit de considérer comme les produits de son génie et que d'ailleurs il n'est parvenu à rendre aussi parfaites qu'au prix de longs efforts, non sans avoir perdu quantité d'étoffes qui ont servi à ses premiers essais.

Un second voyage à la Cour, préparé par les Echevins, se place au commencement de l'année 1607, en janvier sans doute, car c'est à cette date que le Consulat accorde de nouveau à Dangon un secours de cent livres, pour l'aider à faire son voyage « allant par devant Sa Majesté ». L'ordonnance de paiement qualifie Claude Dangon d' « entrepreneur par le commandement du roy des manufactures de draps non usités dans le royaume[5] ». Dès cette époque il est donc investi d'un mandat officiel et désormais la faveur royale ne l'abandonnera plus. Elle se manifeste d'abord par des mesures qui marquent l'intérêt que le roi prenait au travail de Dangon et l'importance qu'il attachait au développement de sa manufacture. Les échantillons de ses étoffes avaient été présentés à la Chambre du Commerce, établie à Paris; sur l'avis de cette Chambre et sur celui de son Conseil, le roi octroya à Dangon, par ses lettres en forme de charte du mois de mars 1607 et par d'autres lettres patentes du 20 novembre 1607, plusieurs privilèges, dont le principal lui réserve la fabrication exclusive pendant cinq ans des étoffes qu'il avait introduites en France[6]. Les lettres royales déclarent que ce privilège constitue une récompense bien méritée et qu'en outre il remplace l'avance d'un fonds que le roi a fait aux entrepreneurs parisiens et dont il aurait pu gratifier également la manufacture lyonnaise.

Au surplus Henri IV n'oublie pas que Dangon a supporté de grandes dépenses, évaluées à plus de 50.000 livres[7] et qu'il lui a offert de belles étoffes qui ont enrichi sa garde-robe. A titre d'indemnité, il lui accorde, le 11 mai 1607, un don de 6.000 livres[8] qui compensera sans doute bien faiblement tant d'efforts courageux, mais que les ennemis de Dangon lui reprocheront plus tard d'avoir reçu. A partir de l'année 1607 il prend la qualité de « maître-ouvrier du Roi » et il la conservera désormais, en dépit des embarras que lui susciteront les marchands et les ouvriers, jaloux des avantages acquis par son labeur. Mais, avant d'aborder le récit de la longue et vive querelle qui les mit aux prises, il ne sera pas sans intérêt de rechercher comment Dangon se dévoua à l'entreprise protégée par le roi et quels progrès il lui fit faire en l'espace de quelques années.

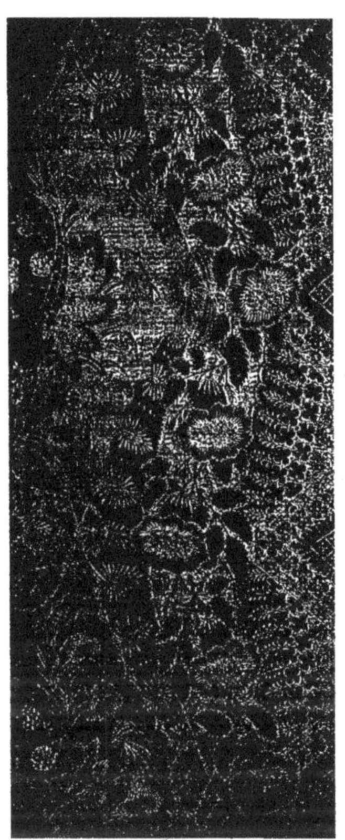

Brocatelle à décor polychrome,
début du XVIIe siècle.

II

Le privilège accordé par Henri IV imposait à Claude Dangon deux obligations principales : la première, de monter douze métiers de velours turc de plusieurs couleurs à fond de satin et de taffetas jardinés et damasquinés, tous travaillant à la tire; la seconde, de recruter des apprentis en nombre correspondant à celui des métiers et de les instruire dans la fabrication de ces étoffes. Un an ne s'était pas écoulé depuis l'octroi du privilège que Dangon prouvait aux représentants de l'autorité royale qu'il avait obtenu des résultats supérieurs à ceux qu'on attendait de sa diligence et de son esprit d'organisation. Le 11 avril 1608, à la suite des premières difficultés soulevées par ses concurrents, Messire Guillaume de Montholon, surintendant du Lyonnais, Forez et Beaujolais, se transportait dans la maison où travaillait Dangon, rue Port du Temple, et là il constatait qu'au troisième étage de cette maison, « ayant regard sur la rue », six métiers chargés de soie étaient mis en mouvement, chacun par un compagnon assisté d'un jeune enfant tireur de lacs, et qu'en un grand galetas, situé au-dessus de cet étage, se trouvaient en outre neuf autres métiers, avec autant d'ouvriers auxiliaires, ce qui faisait un total de quinze métiers, au lieu de douze, et de trente compagnons et apprentis[9].

En septembre 1610, dix-neuf métiers battent dans la maison de Dangon et sept autres dans les boutiques de différents maîtres-ouvriers. Le nombre de ses apprentis a plus que doublé[10]. L'année suivante, Dangon est si plein de confiance dans ses propres forces et dans celles de ses collaborateurs, qu'il offre de monter en l'espace de trois mois deux cents métiers à travers la ville et de délivrer, tous les six mois, une demi-douzaine de bons ouvriers à ceux qui voudront suivre son exemple[11].

A côté des ateliers qu'il avait établis rue Port-du-Temple, Dangon avait encore aménagé un magasin dans lequel il conservait une certaine quantité de soies teintes de plusieurs couleurs, en partie dévidées, et un approvisionnement d'étoffes coupées, telles que velours turc, damas, brocatelle, satin et taffetas.

L'extension prise par son industrie, la faveur dont il jouissait auprès du public et le désir de satisfaire plus pleinement encore aux ordres du roi le déterminèrent, d'accord avec le Consulat, à transporter bientôt son établissement dans un autre local. Le 29 septembre 1610, par commandement de Monseigneur d'Halincourt, Gouverneur de Lyon, et des sieurs Prévôt des Marchands et Echevins, Dangon passe pardevant Guyton, notaire royal, un contrat de louage avec les religieux du couvent de Notre-Dame de Confort. Il est convenu que, pour le prix de 180 livres tournois par an, les religieux lui céderont la jouissance de leur tènement du logis « appelé de Clermont, autrement de la Compagnie, joignant ledit couvent », et il est spécifié que la location est consentie afin de permettre à Dangon de dresser là « sa boutique » suivant la volonté du roi et d'instituer cette école d'ouvriers, ou, comme disent les documents de l'époque, ce « séminaire », indispensable à l'instruction des apprentis qui doivent travailler à introduire à Lyon les étoffes d'or, d'argent et de soie, fabriquées jusqu'alors en Italie.

Afin de bien marquer qu'il s'agit d'une institution publique, le Consulat promet à Dangon que la location ne sera pas supportée par lui, mais qu'elle sera acquittée sur les deniers de la Ville. Le Receveur Antoine Rougier reçoit l'ordre de verser les 180 livres du bail entre les mains du Prieur de Confort et d'en délivrer quittance à Dangon, aussi longtemps qu'il maintiendra sa fabrique et continuera d'y élever et instruire « bon nombre de jeunesse, comme il a fait jusqu'à présent[12] ».

Il s'était en effet appliqué, aussitôt qu'il eut monté ses premiers métiers, à former des élèves dont le nombre alla toujours croissant. Nous avons vu que sur chaque métier travaillaient un compagnon et un apprenti. Le compagnon avait déjà passé un certain temps dans un atelier et se préparait, après avoir fait preuve de son habileté, à devenir maître à son tour. L'apprenti était un jeune garçon auquel il fallait enseigner la pratique de son art, avant de l'admettre au compagnonnage. Dangon choisissait des enfants de douze à treize ans, dont il avait sans doute remarqué les aptitudes, et ne tardait pas à les rendre fort habiles dans leur métier. Le jour où Guillaume de Montholon visita pour la première fois sa boutique, il fut frappé du jeune âge de ces petits apprentis et ne manqua pas de manifester sa surprise. Il demanda à Dangon quels services il en pouvait attendre, et Dangon lui répondit qu'il les dressait sans tarder à tirer les lacs, mais qu'en ce qui concernait le tissage même il était besoin qu'ils fussent un peu plus âgés, « pour pouvoir embrasser la besogne et jeter la

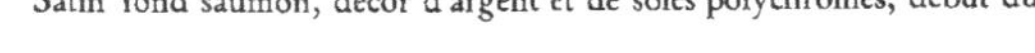

Satin fond saumon, décor d'argent et de soies polychromes, début du XVIIe siècle.

navette, et un peu plus forts pour pouvoir enfoncer la marche et battre l'étoffe fermement ». Cependant ils s'instruisent à mesure qu'ils travaillent à la tire, qu'ils aident à dresser les métiers et à raccoutrer les défauts survenants. Puis, les uns après les autres, de tireurs de lacs ils deviennent tisseurs ; on en voit déjà plusieurs qui s'acquittent de leur tâche aussi bien que les compagnons et quelquefois mieux, « pour la crainte, remarque Dangon, qu'ils ont de faillir et l'envie que la beauté de l'étoffe leur donne de se rendre capables[13] ».

En 1610, trois ans après avoir obtenu son privilège, Dangon avait formé trente à quarante jeunes enfants, dont le plus âgé n'avait pas dix-sept ans. Quelques mois plus tard il déclarait que, dans un délai de trois ou quatre années, il sortirait de sa boutique, en plus des autres compagnons, douze apprentis qui seraient en mesure d'exécuter toutes les étoffes qu'il fabriquait lui-même[14].

Une véritable population ouvrière s'affairait autour des métiers de Dangon. Outre les compagnons et apprentis, il employait encore aux divers ouvrages de sa manufacture une grande quantité de personnes dont le travail consistait à dévider, ourder, passer les patrons des figures, contresempler, monter les métiers, remonder, plier, et en un nombre infini d'autres façons[15]. Si bien que son atelier a toute l'apparence d'une entreprise industrielle déjà complète, qu'elle vient en aide à beaucoup de pauvres gens et qu'elle commence à faire sentir les heureux effets d'une organisation dont la classe ouvrière bénéficiera dans un avenir prochain. Dangon est persuadé que, si les métiers « à la grande tire » venaient à se multiplier aussi largement que les métiers sur lesquels on tisse à Lyon depuis 1536 des taffetas et des velours unis, il en résulterait, non seulement pour la ville, mais pour le royaume, un grand bien et un grand honneur. C'est une vérité qu'il prône avec une insistance infatigable chaque fois que ses concurrents se liguent contre lui pour arrêter l'essor de son invention.

Il met à la défendre sa ténacité, son intelligence et la foi dans un magnifique avenir que lui donnent les succès obtenus. La période des expériences n'a duré qu'un temps relativement court. Dangon ne s'est pas contenté de démontrer qu'on pouvait tisser en France des étoffes aussi belles que celles qui nous venaient de l'étranger, il a voulu que sa manufacture répondît aux demandes d'une clientèle très étendue, qu'elle fît valoir au loin la renommée de sa ville natale et que les gains sans doute importants qu'il retirait de sa fabrication servissent d'appât aux artisans qu'il importait de conver-

Lampas à fond de satin, début du XVIIe siècle.

tir aux idées économiques de Henri IV et de ses conseillers.

Très peu de temps après l'ouverture de son atelier, à une date qu'on peut fixer entre 1608 et 1609, il livrait à ses clients toutes sortes de satins, de draps d'or et de soie, si bien que les demoiselles de Lyon se paraient de beaux habits confectionnés avec ces étoffes de luxe. Et ce n'était pas seulement à Lyon qu'il en vendait, mais à Toulouse, à Bordeaux, à Grenoble, à Limoges et surtout, semble-t-il, à Paris : sur son livre de vente figurent plusieurs comptes écrits de la main du sieur Rousselet, commissionnaire pour les marchands parisiens, qui ont acheté et payé à Dangon, depuis plus de trois ans, une grande quantité d'étoffes et même des satins à la turque[16].

Il ne lui suffit plus d'imiter les Italiens ; il s'applique à inventer des procédés de fabrication et des combinaisons décoratives nouvelles et il se vante à juste titre de l'emporter sur ses concurrents. Le 24 avril 1611, au cours d'une contestation avec les ouvriers lyonnais, Dangon exhibe, devant le Consulat, vingt-cinq sortes d'étoffes faites à la tire dans sa manufacture. Ce sont, entre autres, des taffetas d'une, deux, trois, quatre et cinq couleurs, des satins à la façon de Milan et de Lucques, des damas noirs et de couleurs à la façon de Gênes, des satins à la façon de la Chine, appelés « prerie florie des Indes, plaines d'herbes, joncz, branchages et fleurs en grande diversité de façons et de coleurs » ; des velours à ramages, des brocatelles de soie, d'argent et d'or, et des satins appelés « en taille douce, d'aultant que les figures y représentées sont reffendues en feuilles, fruictz, fleurs et compartimens, en ouvrage aussy délié que les portraictures en taille douce le peuvent estre ».

Les procès-verbaux des nombreuses visites faites par le Consulat aux ateliers de Dangon nous ont conservé la description d'un grand nombre de ces tissus qui faisaient l'admiration de ceux qui les voyaient. Voici, à titre d'exemple, trois pièces somptueuses choisies parmi les huit autres dont, le 15 février 1613, on va couper, en présence du Prévôt des Marchands et des Echevins, plusieurs échantillons qui seront envoyés à la Cour :

« Une pièce appellée prime vaire à fondz de thoile d'argent carthelin, les fleurs d'incarnadin d'Espaigne, rouge, vert et bleu, la fleur capitale espollinée d'or retors.

« Une aultre pièce appellée sattin à la Persiane, dont le sattin canelle ne faict que la parfileure en taille douce, le fondz serge verte, la fleur d'or carthelin et diverses fleurs espollinées d'argent retors.

« Une aultre pièce appellée cretaigne d'or carthelin, parfillée et cannellée faisant la fleur et le fondz deux ors différendz accompaignez de troys couleurs dans les fleurs, qui sont incarnadin d'Espaigne, vert et bleuf. »

Ces descriptions savoureuses, dont les termes ont parfois un sens qui nous échappe aujourd'hui, font passer devant nos yeux la vision de merveilles évanouies. Nous aimerions à notre tour contempler quelques-uns de ces tissus que l'ingénieux maître-ouvrier lyonnais composait pour les riches seigneurs et les bourgeois fortunés qui s'approvisionnaient chez lui : tissus pour ornements d'église, tapisseries, meubles et vêtements. Nous n'avons pas eu la bonne fortune de découvrir une de ces étoffes qui portaient en tête de la pièce la signature de Claude Dangon et la date de sa fabrication. Mais le Musée des Tissus de Lyon conserve dans ses vitrines et dans ses réserves de nombreux échantillons fabriqués pendant les premières années du XVIIe siècle. L'importation des tissus italiens a introduit chez nous beaucoup de ces soieries que Dangon chercha d'abord à imiter, et il n'est pas facile, au premier abord, de distinguer les étoffes tissées en Italie de celles qu'on peut attribuer aux ateliers français. Les techniciens déclarent d'ailleurs qu'aucune particularité dans la composition du tissu ne permet d'affirmer que telle pièce a été tissée sur le métier à la tire de Jean le Calabrais usité en Italie, que telle autre sort indubitablement du métier « à la grande tire » inventé par Dangon. Cependant la finesse des lisières, « la main » du tissu, une très grande perfection technique et le fini du travail, enfin la clarté de l'ordonnance décorative, l'harmonieuse juxtaposition des couleurs, le goût qui a présidé au choix et au dessin des figures sont des éléments d'appréciation qui doivent être retenus, quand on cherche à établir avec autant de probabilité que possible la provenance française d'un tissu ancien. Leur étude nous a guidé dans le choix des pièces que nous présentons ici pour illustrer notre texte. Ce sont des tissus contemporains des règnes de Henri IV et de Louis XIII et nous les qualifions de français. Ont-ils été fabriqués par Dangon lui-même ou par les ouvriers qu'il avait formés? La question nous semble, à vrai dire, insoluble. Mais, puisque Dangon a le premier introduit en France la fabrication de ces étoffes et que pendant de longues années les ateliers lyonnais ont travaillé, sinon sous sa direction, du moins d'après ses méthodes, il n'est pas interdit de considérer ces échantillons comme les œuvres de son temps et peut-être comme le reflet de sa pensée.

Broché chenille, décor jaune et bleu sur fond crème, début du XVIIe siècle.

III

Claude Dangon s'était attiré, par la qualité de ses ouvrages et la persévérance de ses efforts, la protection toute-puissante du roi et l'aide efficace du Consulat lyonnais. Il n'est pas douteux qu'il bénéficiait d'une situation privilégiée parmi les maîtres-ouvriers et qu'il était en passe de les éclipser tous. Ce serait mal connaître la nature humaine que de croire que ses confrères allaient s'incliner devant les avantages qu'il avait pris sur eux et admettre sans protester cette suprématie qu'il exerçait en vertu de son talent et de la bienveillance royale. Il faut faire la part, hélas ! toute naturelle, de la jalousie. Elle s'attaque presque toujours aux hommes qui se sont élevés d'une humble condition, par leur propre mérite et en très peu de temps, au rang que la médiocrité n'atteindra jamais. Les adversaires de Dangon n'étaient sans doute pas tous des médiocres et des impuissants; mais ils suivaient depuis soixante-dix ans une routine dont ils n'imaginaient pas qu'on pouvait sortir. Cet inventeur intempestif venait troubler de bonnes vieilles habitudes et proposait des nouveautés qui obligeraient à modifier les conditions du négoce jusqu'alors adoptées.

Combattre les initiatives n'est pas, bien qu'on l'ait trop souvent prétendu, un défaut proprement lyonnais. Tous ceux qui apparaissent quelque part avec des idées nouvelles voient surgir, devant les chemins qu'ils ouvrent, la horde souvent compacte des envieux et des obstinés.

Ils se levèrent contre Dangon aussitôt qu'ils devinèrent sa force et redoutèrent son autorité. En 1608, dès l'année qui suivit l'octroi du privilège royal, Dangon dépose entre les mains de maître François Clapisson, « Procureur du Roy en la Sénéchaussée et siège présidial de Lyon », une requête contre ceux qui viennent le troubler dans son travail. Ce sont les marchands d'étoffes italiennes. Ils emploient toutes sortes d'artifices pour empêcher Dangon de vendre les tissus qu'il fabrique et de leur faire ainsi une concurrence qu'ils jugent tout à fait préjudiciable à leur commerce. Le principal de ces artifices consiste à éveiller l'envie des autres ouvriers, qui n'avaient sans doute pas besoin d'être poussés aux manœuvres déloyales dont se plaint justement Dangon. Ils lui débauchent ses compagnons et ses apprentis; ils subornent le peintre attaché à son atelier et obtiennent de lui des patrons qu'ils essaient de reproduire sur des métiers montés par des étrangers. Les étoffes ainsi façonnées sont tellement grossières et mal conditionnées que c'est pitié de les voir; ces imitations maladroites de velours et de satins nuisent à la réputation de la ville et retardent les progrès de la manufacture. Si Dangon n'est pas mis en paisible jouissance de son privilège, il sera contraint d'abandonner l'entreprise à laquelle. le roi s'intéresse et on lui enlèvera en outre les moyens de rembourser les personnes qui ont eu confiance en lui et lui ont avancé de l'argent. Le Surintendant Guillaume de Montholon et le sieur Duperron, Prévôt des marchands, constatent par eux-mêmes que Dangon a rempli toutes les obligations qui lui ont été imposées par son privilège, qu'il a même monté plus de métiers et formé plus d'apprentis qu'on ne lui en demandait et que son atelier fabrique des étoffes tissées en perfection et vendues à meilleur prix que les étoffes italiennes[17].

Le Parlement avait enregistré sans difficulté, semble-t-il, les premières lettres patentes du mois de mars 1607, mais celles du 20 novembre de la même année ne lui avaient pas encore été présentées en 1612, par suite de l'opposition violente des ouvriers lyonnais, qui mirent tout en œuvre pour faire échec à l'industrie de Claude Dangon. Ils lui font un procès devant le Surintendant, ne tiennent aucun compte de la sentence par laquelle ce haut fonctionnaire déclare qu'en attendant la vérification des secondes lettres patentes il faut laisser à Dangon son privilège, enfin ils se pourvoient devant le Sénéchal. Pendant des années, les concurrents de Dangon épuisent tous les moyens de chicane et ne reculent même pas devant les coups pour obtenir par la force ce que leur contestent les lois et usages de l'époque. Nous apprenons, en effet, par la lettre de jussion du 24 juin 1612, qu'une information est ouverte devant le Lieutenant criminel contre ceux qui se sont portés à ces extrémités coupables et que le roi ordonne au Substitut du Procureur général à Lyon de poursuivre les accusés des « voies de fait, forces et rébellions » commises contre Dangon ou qui pourraient encore se commettre à l'avenir contre lui[18].

Quelles étaient donc les raisons que faisaient valoir ses ennemis pour le combattre avec tant d'acharnement ? D'après les remontrances présentées par eux, elles sont de trois sortes :

Soierie à décor polychrome, début du XVIIe siècle.

1° Lyon est une ville libre où nul ne doit avoir de privilège particulier au préjudice des autres ;

2° Les règlements de l'art de la soie donnent à chacun la liberté de travailler les étoffes d'or, d'argent et de soie;

3° Les ouvriers lyonnais savent exécuter toutes les étoffes figurées; ils en ont fabriqué bien avant l'invention de Dangon et de toute ancienneté on en fabriquait à Lyon.

Claude Dangon n'éprouvera aucun embarras à répondre à ces objections et à les ruiner chaque fois que le Consulat le confrontera avec ses adversaires, dans l'espoir de les amener à un accommodement.

Certes, Lyon est une ville libre ; mais quand on cherche à y introduire un art nouveau, on s'efforce, en même temps, de le protéger par un privilège. Celui de Dangon ne constitue pas dans le royaume une nouveauté sans précédent : les fabricants d'étoffes de soie ont joui à Paris de privilèges spéciaux ; il en a été de même à Troyes pour ceux qui tissaient d'autres étoffes et à Beaujeu pour les entrepreneurs du « fil d'espine ». A Lyon même que de privilèges accordés dans un passé plus ou moins lointain ! Celui de la fabrication des « fustaynes », celui de l'imprimerie, celui de la maroquinerie introduite par « certains maroquiniers de Flandres » qui se virent attribuer le monopole de leur façon pendant dix années ; celui de la soie enfin dont l'industrie ne se maintint dans la ville qu'à la faveur des édits royaux. Si on voulait dénombrer tous les privilèges qui existent à Lyon, on n'en finirait pas. Chaque artisan a ses règlements, et, quand on dit que le commerce est libre, encore convient-il de s'entendre, car il est interdit d'exercer un art, si on n'a pas prouvé qu'une studieuse pratique vous a rendu capable d'en utiliser les ressources et la beauté.

Il en est ainsi pour l'art de la soie. Peut-être pouvait-on, dans les premiers temps, entrer dans la profession sans trop de peine. Mais, depuis 1596, un règlement impose, à quiconque voudra faire travailler dans sa maison ou ailleurs, l'épreuve de l'apprentissage, suivie de celle du compagnonnage, qui devait durer deux ans. Dangon n'avait pas tort de rappeler à ses concurrents que la liberté dont ils se réclamaient était cependant limitée par des obligations définies.

D'ailleurs les statuts et règlements de la corporation ne concernent que les tisseurs d'étoffes « plaines », c'est-à-dire unies, qu'on fabrique à Lyon depuis l'année 1536. Les étoffes façonnées et figurées « à la tire » sont une nouveauté introduite par Dangon ; il est seul à les fabriquer dans la ville, et par conséquent son privilège n'enlève rien à ses concurrents, qui ont toute licence de continuer un travail différent du sien et auquel il déclare qu'il ne touchera pas. C'est ici, comme nous dirions aujourd'hui, le fond du débat. Dangon est-il vraiment l'inventeur et le spécialiste en France des étoffes façonnées, et, s'il a fondé un atelier dont les produits sont jusqu'à présent sans rivaux, prétendra-t-il garder pour lui seul le bénéfice de son invention ?

Les maîtres jurés et principaux ouvriers de la ville affirment qu'ils sont capables de faire des étoffes aussi compliquées et aussi belles que celles de Dangon. Le Consulat les invite donc, le 24 avril 1611, à présenter des échantillons de leur travail ; on établira la comparaison avec les tissus que Dangon exécute sur ses métiers. L'examen a lieu en présence de Balthazar de Villars, Prévôt des Marchands, et des Echevins en charge ; il tourne à la confusion des ouvriers trop présomptueux. Trois sortes de satins, c'est tout ce qu'ils peuvent montrer ; encore la façon des premiers, qui sont des satins d'une et deux couleurs, « à ondes et à lisseton », leur a-t-elle été consentie par Dangon, bien qu'ils en eussent appris la fabrication de ses « ouvriers et apprentifs qu'ils luy avaient desbauchés[19] ». Quant aux deux autres sortes, elles sont de qualité déplorable.

En regard de ces pauvretés, Dangon déploie devant les yeux des Echevins vingt-cinq étoffes splendides, faites à la tire dans sa boutique, et parmi elles les fameux satins « en taille douce » dont il a été question précédemment. Le tout est jugé beau et bien fait et l'inventeur déclare en outre que des tissus semblables ont été appréciés à leur valeur par le Roi et par plusieurs princes et seigneurs auxquels ils furent livrés. La richesse de la matière et la perfection du tissage ne laissent rien à désirer. Une telle supériorité peut-elle être mise en balance avec la maladresse des concurrents ? Les ouvriers de Dangon avouent d'ailleurs qu'ils ont abandonné les maîtres chez lesquels on essayait de contrefaire ces belles étoffes à la tire, parce qu'ils gâtaient leur besogne et que tel de ces imitateurs malhabiles avait dû couper jusqu'à sept ou huit fois la pièce avant de pouvoir faire servir la figure que maître Ambroise Aubin leur proposait[20].

De toute évidence, l'invention des procédés et la maîtrise de la fabrication appartiennent à Dangon. Si la vue des étoffes de son atelier ne suffit pas pour établir ce fait, la preuve irréfutable en sera fournie par quantité

Soierie polychrome à fond chaudron, début du XVIIe siècle.

de documents officiels : lettres royales, délibérations et certificats consulaires, procès-verbaux des visites de la boutique de Dangon, conclusions du Procureur du Roi, sentences du Surintendant, etc... Tant et si bien qu'il est « avéré, confirmé et certifié à plus que suffisance que jamais il ne s'était fait à Lyon des dites étoffes à la tire avant l'introduction du dit Dangon, ou que, si quelque essai en avait été fait, il ne s'en était rien réussi tout à fait[21] ».

Cependant, malgré le dévouement du Consulat, fidèle exécuteur de la volonté royale, malgré les actes par lesquels il réclame la confirmation du privilège accordé par Henri IV, la mésentente s'aggrave de jour en jour entre les ouvriers lyonnais et Claude Dangon. Il importe que l'autorité suprême intervienne dans un débat qui menace de s'éterniser et fasse régner la justice et le calme qu'on espère vainement obtenir de tant d'expertises contradictoires et de tant d'aigres discussions. La voix du roi va se faire entendre de nouveau. Ce ne sera plus celle de Henri IV, assassiné le 14 mai 1610. Mais le gouvernement de la Régence soutiendra les efforts de Dangon avec le même esprit de suite et le 24 juin 1612, au nom du petit roi Louis XIII, Marie de Médicis publiera une lettre de jussion signée à Fontainebleau en présence de M. de Loménie, Secrétaire d'Etat. La lettre de jussion était un ordre scellé qui donnait commandement aux Cours supérieures d'enregistrer les édits. Celle qui nous occupe enjoint au Sénéchal du Lyonnais et aux autres officiers généraux et particuliers de faire « garder, observer, entretenir et mettre à due et entière exécution les lettres patentes délivrées auparavant », c'est-à-dire les deux lettres de Henri IV et une troisième qui avait été octroyée par Louis XIII, le 20 juin 1611.

Le document rappelle les services rendus par Dangon à l'industrie de la soie et constate que le maître-ouvrier du Roi aurait donné tout son développement à la manufacture des étoffes introduites par lui en France s'il avait pu triompher de l'hostilité de ses concurrents. Son œuvre mérite d'être protégée ; elle doit enrichir Lyon et contribuera au bien général du royaume. En conséquence ceux qui contreviendront directement ou indirectement aux lettres patentes seront passibles de la confiscation des métiers montés en fraude et des étoffes qu'ils auront fabriquées sans le consentement de Dangon. Ils auront en outre à payer une amende de 500 livres pour chaque infraction aux autres articles du privilège. Il appartiendra au Recteur de l'Aumône générale d'appliquer cette amende à la nourriture, aux habits et à l'entretien des pauvres apprentis de la nouvelle manufacture. Et puisque Dangon n'a cessé d'être troublé jusqu'à présent dans la jouissance de son privilège, les cinq années de la défense prévue par les lettres patentes ne commenceront à courir que du 1er janvier de l'année 1614. Enfin le privilège sera commun aux héritiers de Dangon et à ses associés.

Non seulement l'ordre est donné aux représentants de la justice royale d'assurer l'obéissance de tous les sujets sans distinction, mais le roi se réserve, à l'exclusion des autres juges et officiers, la connaissance des « oppositions et appellations qui pourraient intervenir[22] ».

C'est dire avec quel soin et quelle rigueur le gouvernement de la Régence entendait protéger l'entreprise conçue par Henri IV et l'homme que le Roi et le Consulat lyonnais avaient jugé digne d'être soutenu dans une tâche périlleuse. Il n'était cependant pas au bout de ses peines et tout n'allait pas rentrer dans l'ordre sur une injonction royale, si pressante fût-elle.

Les ouvriers avaient maintes fois reproché à Dangon d'accaparer pour lui seul la fabrication des étoffes à la tire et d'amasser des bénéfices à l'abri de son privilège. Il est vrai que Dangon avait déjà consenti à leur abandonner la façon de quelques satins d'une et deux couleurs ; mais cette condescendance de sa part aurait semblé mesquine et il rêvait de faire mieux. Il n'oubliait pas que le Roi tenait à la diffusion de sa fabrique à Lyon et dans d'autres parties du royaume ; il avait souvent offert de communiquer sa science aux tisseurs qui voudraient s'instruire sous sa direction, d'aller lui-même monter des métiers par la ville et de partager ses bénéfices avec les personnes qui s'entendraient honnêtement avec lui. Ses offres n'avaient pas été acceptées. Cependant, par l'entremise du Consulat, toujours désireux de ramener le calme dans les esprits, un accord était intervenu vers 1611 entre Claude Dangon et un marchand ouvrier en draps de soie nommé Claude Neyret. Ce Neyret se trouvait à la tête d'un négoce prospère et disposait de ressources financières qui, d'après les prévisions des deux associés, leur permettraient de monter bientôt cent cinquante métiers et de prendre le pas sur la fabrication italienne dans un délai de cinq ou six ans. Nous ne savons ce qu'il advint de l'accord passé entre les deux Claude, sinon que plus tard Neyret opposera les clauses de son contrat au projet d'une autre convention commerciale dont il nous reste à parler.

Le privilège de Dangon lui donnait la faculté de s'associer avec d'autres marchands et ouvriers. Il pouvait prendre jusqu'à dix associés de toute qualité, qui supporteraient les mêmes charges, mais jouiraient aussi des mêmes avantages que lui. Dangon voulut user du droit qui lui était reconnu et, le 6 septembre 1613, il passa pardevant Guyton, notaire royal, une convention avec Jean-Jacques Manys, Pierre Gayot et sans doute d'autres maîtres-ouvriers dont les noms ne nous ont pas été conservés. Les contractants avaient dessein de faire travailler vingt et un métiers de la boutique de Dangon et le plus grand nombre possible d'autres métiers à travers la ville ; ils se proposaient de multiplier la fabrique d'étoffes à la tire sous la protection des privilèges royaux et sous celle du Consulat. Ils déploraient que le mauvais vouloir de « quelques particuliers de l'art de la soie » ait entravé jusqu'à présent l'œuvre de Dangon, et, pour la soutenir avec toute l'efficacité désirable, ils constituaient un fonds de commerce qui allait leur donner une puissance dont Dangon n'avait jamais disposé à lui seul. Grâce aux ressources financières mises en commun, ils pourraient recruter un nombre presque illimité d'ouvriers et répandraient ainsi dans la ville et dans le royaume l'industrie du tissu façonné. De fait, ils avaient déjà monté vingt-cinq métiers en plus de ceux de Dangon. Ils offraient de la besogne à tous ; on n'avait qu'à s'adresser à leur Compagnie pour prendre les « avis, figures et montages des métiers ». Dangon déclarait pour sa part que toute son ambition consistait à être utile à sa patrie en exécutant le commandement du roi ; il adjurait ses adversaires d'oublier les dissensions passées et de travailler avec lui, moyennant d'honnêtes profits, à faire florir la manufacture dont il gardait la direction générale.

Nous voyons ainsi se dessiner le caractère de ce consciencieux inventeur, qui place les intérêts de son pays avant les siens propres. Laissé à lui-même, il n'aurait peut-être pas donné à ses affaires une grande extension, mais qui l'empêchait de se contenter des résultats acquis et de défendre jalousement ses droits contre des confrères incapables, sans son aide, d'appliquer des méthodes dont l'initiative lui revenait ? Les visées de Dangon étaient plus hautes et les préoccupations égoïstes n'étouffaient pas en lui le sentiment patriotique et le désir de tirer hors de pair une industrie jusqu'alors routinière et servile.

Comment les ouvriers répondirent-ils à des propositions si franches et à cet appel à la concorde ? Le Consulat lyonnais les convoqua, par les mandeurs ordinaires de la ville, à entendre les offres de Dangon et de ses associés. Un acte consulaire du 5 novembre 1613 nous a conservé les noms de dix-sept des maîtres et ouvriers qui répondirent à l'assignation[23]. Parmi eux nous voyons figurer Claude Neyret, l'ancien associé de Dangon. Il demande à réserver sa réponse, qu'il donnera en particulier. Les autres feront connaître par écrit les motifs pour lesquels ils persistent à s'opposer au privilège de Dangon et à tous les avantages qui en découlent.

Cette réponse écrite, donc mûrement délibérée, remise le 7 novembre 1613, nous fait saisir sur le vif les effets d'une jalousie qui ne désarme pas. Ces gens, qui n'avaient donné que des preuves de leur impuissance ou de leur maladresse, ne veulent pas admettre l'intérêt de la découverte de Dangon et lui prêtent de basses intentions qu'il n'avait pas. Ils font remarquer au Consulat que Dangon a toujours surpris la bonne foi des Echevins lyonnais. S'il invoque l'utilité et l'honneur de Lyon, c'est pur artifice de sa part. Il n'a jamais eu en vue que son profit particulier et l'a poursuivi avec tant d'âpreté qu'il a causé la ruine universelle des manufactures jadis florissantes et la désolation du petit peuple qui en vivait. Nous savons cependant que Dangon faisait travailler autour de ses métiers quantité de pauvres gens et nous l'avons entendu tout à l'heure offrir de la besogne à tous ceux qui en demanderaient. Même aveuglement en ce qui concerne l'introduction en France des étoffes façonnées. En dépit des faits qui leur opposent un démenti, les plaignants affirment que des étoffes de ce genre se fabriquaient dans la ville bien avant la naissance de Dangon et qu'on a cessé cette fabrication par suite de la rigueur des édits et des caprices de la mode. Dangon, quand il revendique un privilège particulier, porte préjudice aux privilèges généraux de l'art de la soie, fondés sur l'ancienneté, et cherche avec deux ou trois autres à « s'engraisser » de la misère publique. Que les Echevins se tiennent sur leurs gardes : on voudrait obtenir de leur bonté, peut-être de leur faiblesse, une protection officielle dont Dangon a besoin au moment où se plaide son procès. Cette insinuation malveillante se glisse d'ailleurs à côté de quelques autres qui donnent la mesure de l'envie que les ennemis de Dangon portaient à son œuvre : ils ne lui pardonnent, ni la considération royale, ni d'avoir reçu par ordre de Henri IV

Soierie à décor polychrome, début du XVIIe siècle.

un don de 2.000 écus payé sur les deniers de la ville, ni le projet qu'il fait de se lancer avec Manys et Gayot dans une entreprise que les « trente plus riches hommes de Lyon » ne mèneraient pas à bien. Ils font remarquer que les fondateurs de la nouvelle compagnie sortent à peine de condition et du service d'autrui et qu'il est impossible qu'ils possèdent tout l'argent dont ils parlent.

Nous ne savons pas si Manys et Gayot disposaient véritablement de ressources financières considérables ; mais ce que nous savons, c'est que Dangon travaillait à son compte depuis longtemps, depuis huit ans au moins ; qu'il avait sans doute réalisé des bénéfices dans son commerce et que la confiance qu'il inspirait à ses amis lui avait valu de leur part des avances de fonds, grâce auxquelles il était parvenu à réunir pour l'établissement de sa manufacture un capital de 50.000 livres, qui représenteraient au moins 7 à 800.000 francs de notre monnaie d'aujourd'hui.

La conclusion de la réponse présentée au Consulat par les maîtres-ouvriers lyonnais donne en quelque sorte le ton de ce document. Les rédacteurs, s'élevant au pathétique, rappellent aux Echevins qu'ils sont les pères communs des uns et des autres et que, s'ils ne prennent pas le parti de la majorité contre les ambitions de quelques particuliers, ils rendront le métier inutile, la liberté captive, et misérable la vie des ouvriers et de leurs familles. Les offres de Dangon ne laissaient guère redouter de semblables catastrophes, mais ne fallait-il pas impressionner le Consulat par de grands mots et, qui sait, par des impostures ? Les Echevins, fort embarrassés et, comme ils l'avouent, fort marris de constater que la mauvaise intelligence divise des hommes qui auraient intérêt à s'accorder entre eux, se flattent, il est vrai, d'être les pères du peuple, mais se gardent toutefois de donner raison à ceux-ci plutôt qu'à ceux-là et se bornent à enregistrer leurs réclamations, en leur conseillant de se pourvoir suivant leur droit[24].

IV

Nous ignorons quelle fut l'issue de ces débats peu courtois et nous ne connaissons pas la sentence rendue par le Parlement de Paris devant lequel les ouvriers lyonnais avaient engagé des poursuites contre Dangon. Mais le jugement de la postérité s'est prononcé en faveur de l'énergie et de l'habileté professionnelle de cet homme, auquel la Fabrique de Lyon doit une bonne part de sa gloire.

Il est juste de remarquer, en finissant, que beaucoup de ses contemporains n'ont pas méconnu ses mérites et qu'il s'attira l'estime de plusieurs d'entre eux, qui faisaient figure de personnages dans la cité. Les renseignements puisés dans les registres de l'église Saint-Nizier, sa paroisse, nous fournissent quelques détails de son existence familiale jusqu'en l'année 1634. A cette date, il avait sans doute dépassé la soixantaine. Il habitait toujours rue Confort, vis-à-vis la rue Paradis, très probablement dans la maison dont le Consulat lui avait offert la location en 1610. C'était une maison spacieuse, car il y donnait l'hospitalité à toute sa famille, qui devint un jour fort nombreuse, ainsi qu'en témoignent les actes de baptême de ses treize petits-enfants. Claude Dangon avait épousé dame Claudine Bourdillon; de leur union naquirent deux filles qui, pour perpétuer le prénom du père et de la mère, s'appelèrent toutes deux Clauda ou Claudine. Parmi les petits-enfants, trois garçons furent encore baptisés sous le nom de Claude et une fille sous celui de Claudine.

L'aînée des filles de Dangon épousa Guillaume Flandrin, maître-ouvrier en draps de soie, dont on trouve fréquemment le nom comme témoin dans différents actes de l'époque. Ils eurent dix enfants de l'année 1621 à l'année 1634. La considération qui entourait le grand-père se manifesta dans le choix de certains parrains qui n'étaient pas les premiers venus, par exemple noble Antoine Rougier, Seigneur du Buisson, Receveur général de la ville de Lyon, des mains duquel Dangon avait reçu bien souvent les libéralités du Consulat; par exemple encore Maître Jean Buyrin, Procureur à la Cour de Lyon[25], et noble Jean-Jacques Manys, l'ancien associé de Dangon en 1613, qui était devenu, en 1634, bourgeois et premier Echevin de la ville[26].

Soierie à décor polychrome, début du XVIIe siècle.

Le ménage de la seconde fille de Dangon fut, au contraire de celui-ci, rapidement frappé par le malheur. Elle avait épousé, le 24 avril 1621, Jean Bourgelin, maître-ouvrier en draps de soie, dont elle eut trois enfants[27]; et, le 17 septembre 1624, le registre de comptabilité des recettes casuelles de Saint-Nizier inscrivait l'enterrement de ce beau-fils de M. Dangon, pour la somme de sept livres[28].

Ce petit détail a son importance, car cette somme était relativement élevée pour une cérémonie de ce genre. La plupart des enterrements se payaient quelques sols, mais ceux qui dépassaient ce chiffre modeste se faisaient, comme l'indique le registre, « avec procession »; telle est la pratique suivie pour les enterrements de trois à vingt et une livres; il y a lieu de supposer que le corps de Jean Bourgelin eut droit, lui aussi, aux honneurs processionnels.

Et ce fut sans doute une pompe de peu d'apparat, mais ce pauvre luxe nous donne cependant de vagues indications sur le rang social que tenaient Dangon et les siens. Nous n'oserions affirmer que son négoce l'avait enrichi ; il lui devait peut-être une certaine aisance, dont il avait d'ailleurs besoin pour entretenir la famille qui vivait sous son toit. Petit monde d'ouvriers et de marchands, au milieu desquels nous nous plaisons à imaginer que Dangon ne manquait ni d'égards ni de respect. Des bourgeois assez haut placés lui conservaient une amitié fidèle, témoin ce Manys, parvenu à l'Echevinage, qui, plus de vingt ans après avoir signé avec lui un acte d'association, prenait part à ses joies domestiques, sur leurs vieux jours à tous les deux.

Il avait servi sans défaillance, sous deux règnes successifs, une cause très noble et souvent très ardue. On peut dire qu'il s'était trouvé à point nommé sous la main du Consulat lyonnais pour seconder les desseins du pouvoir royal et que, sans lui, l'art de la soie en France aurait continué à marcher pendant de longues années à la remorque de l'industrie italienne. S'il est vrai que, dans notre pays, les hommes nécessaires se rencontrent toujours au moment opportun pour venir à bout des plus graves difficultés, il faut reconnaître que Dangon fut un de ces hommes-là, d'autant plus indispensable à la réussite de l'entreprise de libération économique dont nous avons relaté les péripéties, que personne, parmi ses concurrents, ne fut digne d'être appelé son émule. Tant de mérites et les résultats remarquables de son œuvre doivent le placer très haut dans l'admiration de ceux qui contemplent aujourd'hui les magnifiques soieries produites par la Fabrique lyonnaise pendant les XVIIe et XVIIIe siècles.

Il fut le précurseur de l'industrie des tissus façonnés qui établiront définitivement la réputation de Lyon. C'est pourquoi son nom sera cité avec reconnaissance par ceux qui continuent, dans des conditions matérielles et sociales bien différentes et avec des méthodes nouvelles, l'œuvre qu'il avait commencée. Un demi-silence, rompu, il est vrai, par des historiens de la soie, comme MM. Ernest Pariset et Justin Godart, ne convient pas à cette vie de labeur audacieux et acharné. De nos jours, le Conseil Municipal de Lyon a donné le nom de Dangon à une rue qui fut ouverte à la Croix-Rousse en 1922. Cet hommage tardif ne semblera pas déplacé en un temps qui consacre tant de gloires passagères et frelatées ; si modeste soit-il, il sauvera d'un oubli injuste la mémoire du maître-ouvrier lyonnais, qui, suivant les termes dont se servait jadis le Consulat, introduisit dans sa ville natale « la plus haute, noble et utile manufacture qui soit au monde ».

NOTES

[1] Archives Municipales de Lyon, Inv. Chappe HH, vol. 7, p. 123.
[2] CC, 1584, pièce 31.
[3] Inv. Chappe, HH, vol. 7.
[4] Inv. Chappe, vol. 7, p. 211, pièce 2.
[5] CC, 1593, pièce 1, f° 17.
[6] Chappe, HH, vol. 7; BB, 146, f° 109.
[7] Chappe 7, p. 211, pièce 10; BB, 147, f° 83.
[8] CC, 1599, f° 57.
[9] Chappe, HH, vol. 7.
[10] BB, 146, f° 109.
[11] BB, 147, f° 83.
[12] BB, 146, f° 139.
[13] Chappe, HH, vol. 7.
[14] Chappe, vol. 7, p. 211, pièce 10; BB, 147, f° 83.
[15] BB, 146, f° 109.
[16] Chappe, vol. 7, p. 211, pièce 10; BB, 147, f° 83.
[17] Chappe, HH, vol. 7.
[18] Chappe, vol. 7, p. 211, pièce 12.
[19] Chappe, vol. 7, p. 211, pièce 10; BB, 147, f° 83.
[20] Chappe, vol. 7, p. 211, pièce 10; BB, 147, f° 83.

[21] Chappe, vol. 7, p. 211, pièce 5.

[22] Chappe, vol. 7, p. 211, pièce 12.

[23] BB, 149, f°s 117-121.

[24] BB, 149, f°s 117-121.

[25] Registres paroissiaux de Saint-Nizier, n° 23, f° 166, n° 2927.

[26] *Ibid.*, n° 25, f° 193.

[27] *Ibid.*, n° 141, n° 251.

[28] *Ibid.*, n° 141, n° 4415.

TABLE DES ILLUSTRATIONS

Achevé d'imprimer par la Société anonyme de l'Imprimerie A. Rey, rue Gentil, 4, à Lyon, le douze août mil neuf cent vingt-six.

www.ingramcontent.com/pod-product-compliance
Ingram Content Group UK Ltd.
Pitfield, Milton Keynes, MK11 3LW, UK
UKHW022052170726
13837UKWH00002B/912